§3

Lb 1194
A.

DE LA

CONSTITUTION

A DONNER

A LA FRANCE RÉPUBLICAINE

Par A. LOUBAT,

De Sainte-Livrade, près Villeneuve (Lot-et-Garonne).

———◦◦◦———

Prix 50 centimes au profit des Pauvres.

———◦◦◦———

A PARIS,

CHEZ TOUS LES LIBRAIRES.

1848.

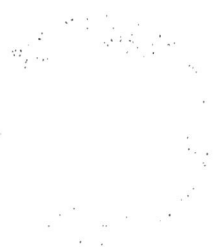

CONSTITUTION RÉPUBLICAINE.

Il est temps de s'occuper de la Constitution que l'on va donner à la France. Cette Constitution doit établir le Gouvernement de la République sur des bases fortes, justes et durables, sans lesquelles point de liberté, point de crédit, point d'ouvrage et surtout point de stabilité.

Pour former une Constitution véritablement républicaine, il faut éviter avec le soin le plus minutieux deux écueils terribles, le despotisme et l'anarchie. C'est en tenant ces deux monstres à distance que la République sera forte, respectée et heureuse. Pour cela il est nécessaire surtout de balancer les pouvoirs et cependant de donner assez de force à l'exécutif pour qu'il puisse centraliser les ressources de la France. Elle a des voisins puissants : avec une république fédérale elle serait peut-être vaincue ; avec une république centrale elle sera invincible.

Ne nous occupons pas des détails de la Constitution que la France va se donner, mais seulement des pouvoirs suprêmes qu'il faut constituer et qui sont sa véritable force, puisqu'ils sont chargés de la modifier et de la faire exécuter.

J'ai habité pendant vingt-deux ans les États-Unis, je connais tous les rouages de son gouvernement qui, depuis soixante-douze ans font le bonheur de cette République ; ainsi, je suis convaincu que la France doit former les corps législatif, exécutif et judiciaire sur le modèle *modifié* de ceux existant aux États-Unis; tout en se réservant de ne pas adopter la partie de la Constitution américaine qui peut être contraire à ses mœurs, à ses usages et surtout à sa position géographique.

Ces pouvoirs sont constitués sur les bases les plus larges et les plus justes, puisque tous les citoyens qui ne sont pas flétris ou interdits par un jugement sont électeurs et éligibles. Les élus ne l'étant que pour un temps très-limité, si, chose rare, le peuple choisit un représentant peu digne de l'être, il le juge bientôt et ne le renomme pas.

Les pouvoirs, que je vais décrire, sont sublimes par leur simplicité. Ils assurent l'avenir. Le despotisme et l'anarchie en sont exclus. L'homme le moins instruit peut les comprendre.

S'ils sont adoptés par la France, nul doute, que bientôt elle ne soit la nation la plus prospère, comme le sont devenus les États-Unis.

La démocratie bien dirigée, gouvernée sagement, *par elle et pour elle*, a une force de conservation et de prospérité immense. Avec elle on ne craint plus les faiblesses ni les vices, ni la mort d'un roi, ni les régences efféminées, ni la jeunesse désordonnée d'un monarque, ni les courtisans encore plus dangereux. Les pouvoirs d'une République bien constituée, se vivifient et se renouvellent progressivement comme la nature elle-même.

Mais les commencements en sont difficiles. Beaucoup d'intérêts sont froissés, beaucoup veulent être immédiatement soulagés, les fusions sont lentes. — La nature après un grand orage, ne se remet que peu à peu; donnez aussi à la République le temps de tout réparer. Il faut donc beaucoup de patience et discuter de sang-froid. Surtout pas d'injures, elles mènent à la guerre civile, tombeau de la liberté.

De l'union, de l'union et toujours de l'union, et la République sera grande et heureuse, sinon, non.

MODIFICATIONS

De la constitution des pouvoirs exécutif, législatif et judiciaire des États-Unis, qui pourraient être adoptées par le gouvernement de la République.

Section I.

1° Un congrès de la République française, composé d'une Chambre de délégués et d'une Chambre des représentants sera investi de tous les pouvoirs législatifs.

2° Tout citoyen Français âgé de 21 ans, qui n'est pas flétri ou interdit par un jugement, est de droit électeur des représentants, des délégués, du président et du vice-président de la République.

Section II.

1° La Chambre des représentants sera composée de membres

élus directement par le peuple de la manière qui sera déterminée par une loi. Ils siégeront pendant trois ans.

2° Tous les citoyens français pourront être élus représentants, s'ils sont âgés de 25 ans et s'ils ne sont ni flétris, ni interdits par un jugement. Les étrangers naturalisés français ne
pourront être représentants que 5 ans après leur naturalisation.

3° Le nombre des représentants n'excédera pas celui d'un
par soixante-dix mille habitants. Le recensement de la popu-
lation se fera tous les dix ans, d'après le mode qui sera déter-
miné par une loi.

4° Quand les places viendront à vaquer dans la représenta-
tion d'un département, l'autorité exécutive convoquera le corps
électoral pour les remplir.

5° La Chambre des représentants élira son président et ses
autres officiers. Elle exercera seule le pouvoir de mise en accusation pour crime politique, imputé à un des membres des
deux Chambres ou au président et au vice-président de la
République. Mais ils ne pourront être jugés que par la Chambre des délégués.

Section III.

1° La Chambre des délégués de la République sera composée
de délégués élus directement par le peuple de la manière qui
sera déterminée par une loi. Ils siégeront pendant six ans.

2° Chaque département qui aura au moins quatre cent mille
habitants, n'élira qu'un délégué; celui qui en aura plus de
quatre cent mille et moins de six cent mille en élira deux; et
celui qui en aura plus de six cent mille en élira trois.

3° Tous les citoyens français pourront être élus délégués

s'ils sont âgés de 30 ans, et s'ils ne sont pas flétris ou interdits par un jugement. Les étrangers naturalisés français ne pourront être délégués que cinq ans après leur naturalisation.

4° Immédiatement après leur réunion, en conséquence de leur première élection, les délégués seront divisés par le sort, aussi également que possible, en trois classes. Les siéges des délégués de la première classe seront vacants au bout de la seconde année, ceux de la deuxième classe au bout de la quatrième, et ceux de la troisième à l'expiration de la sixième. De cette manière, un tiers de la Chambre des délégués sera réélu tous les deux ans.

5° Le vice-président de la République sera président de la Chambre des délégués, mais il n'aura pas le droit de voter.

6° La Chambre des délégués nommera ses autres officiers, ainsi que son président, qui ne présidera la Chambre des délégués que pendant l'absence du vice-président de la France, ou quand celui-ci exercera les fonctions de président de la République.

7° La Chambre des délégués aura seul le pouvoir de juger les accusations qui lui seront déférées par la Chambre des représentants. Si c'est le président de la République qui est mis en jugement, le président de la Cour de cassation présidera la Chambre des délégués. Aucun des accusés ne peut être déclaré coupable qu'à la majorité des deux tiers des membres présents.

8° Les jugements rendus en cas de mise en accusation n'auront d'autre effet que de priver l'accusé de la place qu'il occupe, de le déclarer incapable de posséder quelque emploi d'honneur, de confiance ou de profit. Mais la partie convaincue pourra être mise en jugement, jugée et punie selon les lois par les tribunaux ordinaires.

Section IV.

1º Le temps, le lieu et le mode de procéder aux élections seront réglés par une loi.

2º Le Congrès de la France s'assemblera au moins une fois l'année. Cette réunion sera fixée au premier lundi de décembre.

Section V.

1º Chaque Chambre sera juge des élections et des droits de ses membres. Une majorité de chacune suffira pour traiter les affaires. Un nombre de membres moindre que la majorité peut s'ajourner de jour en jour, et ils sont autorisés à forcer les membres absents à se rendre aux séances par telle pénalité que chaque Chambre pourra établir.

2º Chaque Chambre fera son règlement, et pourra, à la majorité des deux tiers, exclure un de ses membres.

3º Aucune des deux Chambres ne pourra, pendant la session du Congrès, et sans le consentement de l'autre Chambre, s'ajourner à plus de trois jours, ni transférer ses séances dans un autre lieu que celui où siégent les deux Chambres.

Section VI.

1º Les délégués et les représentants recevront pour leurs services une indemnité qui sera fixée par une loi. Dans tous les cas, excepté ceux de trahison et de trouble à la paix publique, ils ne pourront être arrêtés, soit pendant leur présence à la session, soit en s'y rendant, soit en retournant dans leur foyer.

2° Aucun délégué ou représentant ne pourra, pendant le temps pour lequel il aura été élu, être nommé à une place dans les ordres civil, militaire ou judiciaire.

Section VII.

1° Toutes les lois établissant des impôts devront prendre naissance dans la Chambre des Représentants, mais la Chambre des délégués pourra y concourir par des amendements comme aux autres lois.

2° Tout projet de loi qui aura reçu l'approbation de la Chambre des délégués et de la Chambre des Représentants, sera, avant de devenir loi, présenté au président de la République; s'il approuve, il y apposera sa signature, sinon, il le renverra avec ses objections, à la Chambre dans laquelle il aura été proposé. Elle consignera les objections intégralement dans son journal et discutera de nouveau le projet de loi. Si, après cette discussion, les deux tiers de la Chambre se prononcent en faveur du projet de loi, il sera envoyé avec les objections du président à l'autre Chambre qui le discutera également. Si la même majorité l'approuve il deviendra loi. En pareil cas les votes des Chambres devront être donnés par OUI et par NON et les noms des personnes votant pour ou contre seront inscrits sur le journal de leur Chambre respective. Si dans les dix jours le président ne renvoie point un projet de loi qui lui aura été présenté, il aura force de loi comme s'il l'avait signé, à moins cependant que le Congrès, en s'ajournant ne prévienne le renvoi.

3° Tout ordre, toute résolution ou vote pour lequel le concours des deux Chambres est nécessaire (excepté pourtant pour la question d'ajournement), devra être présenté au président de la République et approuvé par lui avant de recevoir son exécution. S'il le rejette, il devra être de nouveau adopté par les deux tiers des deux Chambres, suivant les règles prescrites pour les projets de loi.

Section VIII.

1° Le président de la République sera investi du pouvoir exécutif, mais il n'aura pas le pouvoir de dissoudre les chambres ni de les proroger. Il sera élu pour trois ans; mais il ne pourra être réélu président que quatre ans après avoir cessé ses fonctions. Il pourra être élu délégué ou représentant.

2° L'élection du président et du vice-président se fera directement par le peuple. Le scrutin des votes de chaque département sera dépouillé au chef-lieu du département par les fonctionnaires que la loi nommera à cet effet. Ils feront une liste de tous les candidats qui auront obtenu des suffrages et du nombre de suffrages obtenu par chacun d'eux. Ils signeront et certifieront cette liste et la transmettront scellée au siége du gouvernement, à l'adresse du président de la Chambre des délégués, qui, en présence de cette Chambre, et d'une délégation de la Chambre des représentants nommée à cet effet, ouvrira les certificats, comptera les votes et proclamera président et vice-président de la République, ceux qui auront obtenu le plus grand nombre de suffrages.

3° Si deux ou un plus grand nombre de candidats réunissaient le même nombre de suffrages, le sort seul déciderait lequel d'entre eux serait proclamé président ou vice-président de la République.

4° Le Congrès pourra déterminer la réunion des électeurs et fixer le jour où ils donneront leurs suffrages, tant pour l'élection du président et du vice-président de la République, que pour celle des délégués et des représentants. Le jour choisi pour les élections devra être le même pour toute la France.

Aucun citoyen, s'il n'est âgé de 35 ans, et s'il n'est pas né Français, ne pourra être élu président et vice-président de la République.

6° Si par la mort, la démission ou l'incapacité physique à remplir les fonctions et les devoirs de sa place, le président en était privé, elle sera confiée au vice-président, et le Congrès pourra, par une loi, pourvoir au cas de renvoi, de mort, de démission ou d'incapacité physique, tant du président que du vice-président, et indiquer le fonctionnaire public qui remplira l'emploi jusqu'à ce qu'un nouveau président ait été élu.

Section IX.

1° Le président sera commandant en chef de l'armée de terre et de mer de la République et de la garde nationale quand elle sera mobilisée et appelée au service actif pour la défense de la République.

Il aura le pouvoir d'accorder diminution de peine et pardon pour tout délit et crime.

2° Il aura le pouvoir de faire des traités, et de nommer à toutes les places civiles, militaires et judiciaires, de l'avis et du consentement de la Chambre des délégués; mais le Congrès pourra, par une loi, attribuer les nominations des employés aux cours de justice, ou aux chefs civils des départements.

3° Le Président aura le pouvoir de nommer à toutes les

places vacantes dans l'intervalle des sessions et à sa rentrée elles devront être confirmées par la Chambre des délégués.

4° Si une ville, ou un département, ou même un arrondissement se révoltait ou mettait gravement en danger la tranquillité publique, le président de la République pourrait, avec le consentement de la Chambre des délégués, les déclarer en état de siége. Si cet événement avait lieu pendant l'intervalle des sessions législatives, le président aurait seul le pouvoir de déclarer l'état de siége; mais il devrait en même temps, convoquer la Chambre des délégués, pour avoir son approbation.

Section X.

1° De temps en temps, le président fera au Congrès un rapport sur l'état de la République, il recommandera à sa considération les mesures qu'il jugera nécessaires et convenables; il pourra dans les occasions extraordinaires convoquer les deux Chambres ou l'une d'elles; en cas de dissentiment entre elles sur le temps de l'ajournement, il pourra les ajourner à telle époque qui lui paraîtra convenable et il veillera à ce que les lois soient fidèlement exécutées.

2° Les président, vice-président et tous les fonctionnaires civils, militaires et judiciaires pourront être révoqués de leurs fonctions, si à la suite d'une accusation, ils sont convaincus de dilapidation du trésor public ou de tout autre crime, ou d'incapacité physique.

Section XI.

1° Le pouvoir judiciaire de la République sera confié à une Cour suprême de Cassation et aux Cours inférieures qui sont établies ou que le congrès pourra former. Les juges, tant de la

Cour suprême que des Cours inférieures seront inamovibles.

2° La Cour suprême de Cassation sera juge de la constitutionnalité des lois faites par le Congrès et aura le droit de casser celles de ces lois qu'elle jugera contraires à la constitution.

NOTE EXPLICATIVE.

Le pouvoir exécutif doit être exercé au nom du peuple; mais par un seul délégué; s'il était exercé par plusieurs, il n'aurait plus d'unité, et sa subdivision le rendrait faible et incertain. L'unité est indispensable au pouvoir exécutif, mais il faut l'empêcher de dégénérer en despotisme; dans ce but, renouvelez tous les trois ou quatre ans celui qui sera délégué pour l'exercer. Ce délégué ne doit pas nommer aux emplois sans l'approbation d'une des Chambres des représentants du peuple; il ne doit pas non plus faire la guerre ou la paix, ou déclarer l'état de siége sans le consentement d'une des Chambres. Surtout ne confiez jamais deux fois à la même personne le pouvoir exécutif, sans quoi elle pourrait le confisquer à son profit et à celui de sa race. L'homme aime le pouvoir et s'y corrompt; surveillez celui qui en est revêtu.

Deux Chambres formées toutes deux par le même principe d'élections, sont indispensables pour éviter l'anarchie et pour contrôler les actes du pouvoir exécutif. Une seule Chambre ne pourrait gouverner que par ses comités, la minorité en serait constamment exclue. De là tiraillement, division et anarchie.

Évitez, si vous tenez à être libres, que les pouvoirs exécutif et législatif soient dans les mêmes mains, car réunis, c'est la dictature la plus terrible.

Je voudrais donc une Chambre peu nombreuse, renouvelée par tiers qui conserve la liberté de la nation en se régénérant graduellement et sans secousse ;

Peu nombreuse, afin de pouvoir traiter les grandes questions promptement, avec sagesse et unité, et qui puisse facilement contrôler les actes du pouvoir exécutif; ce dernier ne doit rien faire sans son approbation.

Il faut également une autre Chambre nombreuse composée d'hommes jeunes. Elle doit être renouvelée en entier et non pas graduellement. Tous ses membres doivent être l'expression énergique des besoins, des sentiments et même des passions de la nation; c'est la Chambre du présent et de l'avenir. Tandis que l'autre Chambre, composée d'hommes plus âgés, renouvelés graduellement, doit lier sans brusquerie le passé au présent et à l'avenir.

Si ces deux Chambres législatives ne peuvent s'accorder sur un projet de loi ou sur un amendement, elles nommeront chacune des délégués, pris dans leur sein. Ils se réuniront, feront part du résultat de leurs conférences à leurs chambres respectives qui en délibéreront de nouveau, ou leur donneront le pouvoir de terminer eux-mêmes le différend.

Cette division du pouvoir législatif prévient les résolutions trop promptes, le despotisme exclusif et irritant des majorités, et par conséquent l'anarchie.

Une des Chambres ayant le contrôle des actes du pouvoir exécutif prévient le despotisme. Ainsi les combinaisons de deux

Chambres et d'un pouvoir exécutif dont les actes sont soumis à une Chambre prévient le despotisme, empêche l'anarchie et assure la liberté.

Le pouvoir donné à une cour de justice de casser les lois contraires à la constitution peut paraître excessif; cependant on doit l'établir, si on veut éviter le recours à la force, c'est-à-dire à la guerre civile pour se soustraire à une loi inconstitutionnelle; par exemple, il est certain que la constituante déclarera que tout citoyen âgé de 21 ans sera électeur. Supposez que plus tard le pouvoir législatif qui lui succédera passe une loi à l'effet de priver de leur droit d'électeurs, tous ceux qui ne paieront pas 200 fr. d'impôts. Assurément cette loi serait contraire à la constitution, mais comment s'y soustraire, si ce n'est par la force, à moins d'avoir une cour judiciaire qui puisse juger si une loi est ou n'est pas inconstitutionnelle. Cette cour n'aurait pas l'initiative pour agir, elle attendrait qu'elle en fût requise par un citoyen.

Le gouvernement, qui vient d'être détruit, a péri surtout, parce que ses actes ne pouvaient être suffisamment contrôlés, et parce que les lois contraires à la Charte ne pouvaient être cassées.

Afin de se soustraire à l'arbitraire de ce gouvernement une guerre héroïque, mais civile, a été indispensable.

Verser le sang de ses frères, ou obéir à des lois contraires à la constitution, quelle affreuse alternative!

Je le répète, pour éviter cette alternative, il est nécessaire d'instituer une cour judiciaire qui en cassant les lois inconstitutionnelles, rappelle aux délégués du peuple qu'ils ne peuvent dépasser leurs mandats ou en abuser, et au peuple que la loi suffit pour le protéger sans qu'il soit obligé d'avoir recours à la guerre civile.

Salut et fraternité!

A. LOUBAT (de Lot-et-Garonne).

www.ingramcontent.com/pod-product-compliance
Lightning Source LLC
Chambersburg PA
CBHW050400210326
41520CB00020B/6390